经典经济学
轻松读

本杰明·格雷厄姆：
证券股市

[韩]安东勋 著

[韩]曹圭尚 绘

王星星 译

中国科学技术出版社
·北 京·

Secutiry Analysis by Benjamin Graham
©2022 Jaeum & Moeum Publishing Co.,LTD.
|흠|자음과모음|

Devised and produced by Jaeum & Moeum Publishing Co.,LTD., 325-20,
Hoedong-gil, Paju-si, Gyeonggi-do, 10881 Republic of Korea
Chinese Simplified Character rights arranged through Media Solutions Ltd Tokyo
Japan email:info@mediasolutions.jp in conjunction with CCA Beijing China
北京市版权局著作权合同登记 图字：01-2022-6061。

图书在版编目（CIP）数据

本杰明·格雷厄姆：证券股市 /（韩）安东勋著；
（韩）曹圭尚绘；王星星译 . -- 北京：中国科学技术出
版社，2023.5

ISBN 978-7-5046-9971-8

Ⅰ . ①本… Ⅱ . ①安… ②曹… ③王… Ⅲ . ①格兰姆
(Graham, Benjamin 1894–1976) —证券交易—经济思想—
研究②格兰姆 (Graham, Benjamin 1894–1976) —股票市场
—经济思想—研究 Ⅳ . ① F097.125

中国国家版本馆 CIP 数据核字（2023）第 045064 号

策划编辑	申永刚	封面设计	创研设
责任编辑	陈 思	责任校对	邓雪梅
版式设计	蚂蚁设计	责任印制	李晓霖

出　　版	中国科学技术出版社
发　　行	中国科学技术出版社有限公司发行部
地　　址	北京市海淀区中关村南大街 16 号
邮　　编	100081
发行电话	010-62173865
传　　真	010-62173081
网　　址	http://www.cspbooks.com.cn

开　　本	787mm×1092mm　1/32
字　　数	45 千字
印　　张	4.375
版　　次	2023 年 5 月第 1 版
印　　次	2023 年 5 月第 1 次印刷
印　　刷	大厂回族自治县彩虹印刷有限公司
书　　号	ISBN 978-7-5046-9971-8 / F·1137
定　　价	59.00 元

现代经济的发展让我们的生活与以往不同。不过一百多年前，祖辈们的生活与现在完全不一样，现在的生活不仅便利，而且能实时获悉天南海北发生的事情。

一百多年前有马和马车，现在有汽车和飞机，还有如酒店般豪华的游轮，人类甚至到达了传说中嫦娥玉兔生活的月宫，结果发现那里是一片荒芜之地。

我们现在生活的时代是近百年内发展最快

的。这很大一部分原因正是企业的存在。

企业不再单纯地满足人们衣食住行的需求，其活动领域更加广泛，对人类社会的发展做出了重大贡献，企业自身也在不断成长。看到商机的人们开始向企业投资，企业获得投资后把资金用于企业经营，如果企业经营得好，投资者也能获取巨大的收益。

当人们开始意识到所投资企业成长之后能获得分红时，对企业投资的态度便开始变得更加积极。这种积极的转变促进了股票市场的发展，但投资者偶尔的错误投资行为也会让他们经历惨败。

在大众投资股票的过程中，无数的投资专家和投资小白开始了解投资原则，知道了投资战略的重要性。

本书的主人公本杰明·格雷厄姆（Benjamin Graham）对投资人来说是非常重要的人物，他的著作《聪明的投资者》被誉为股票圣经，这本书引导投资者聪明投资，直到现在，依然是人们反复研读的巨作。

格雷厄姆在他的书中对投资和投机进行了重点讲述。当投资者的贪念变重就会发生投机行为，这是必须阻止的。他认为，最重要的投资战略包括价值投资、分散投资、证券组合、安全边际等。最后他提到，投资者的内心比任何宏大的投资战略都重要。

投资资金应该用于企业发展。投资者应当在某种程度上等待企业发展壮大，不能因为股价上涨就在短期内卖出，这种追求短期利益的行为对企业、与企业有直接或间接关系的职员及其家人来说，属于不安因素。

格雷厄姆的得意门生沃伦·巴菲特（Warren Buffett）说过，应当以持有为目的买入或收购股票，进行长期或完全持有。应当给予这些企业的首席执行官（CEO）和职员充分信任，期待企业能够取得良好发展。巴菲特的这种期待有助于企业发展，同时也能给投资者带来巨大收益。

我们要树立正确的股票投资观，如若不然，我们会成为投机者，辛苦攒下的钱可能都会付诸东流。从入门时学习正确且聪明的投资方式，才能防止自己以后做出错误判断，从而成为聪明的投资者，对企业和社会发展做出贡献。

从现在开始，我们一起进入聪明的投资者格雷厄姆的投资世界吧。

安东勋

价值投资那些事儿

记者：大家好，我是特约记者。今天我们要聊一聊股票投资。提起股票投资，很多人可能都听过价值投资这个词。我们今天邀请到的就是价值投资理论的创始人本杰明·格雷厄姆先生，请他跟我们聊一聊价值投

> 投资有两种含义：其一是国民经济层面上的增加资本财货，如投资建厂或制造机器；其二是个人层面的投资，指的是通过购入不动产或基金等活动，让自己的空闲资产能够升值。

资那些事儿。先生您好，很荣幸能采访您，请您先跟大家打个招呼吧。

格雷厄姆： 大家好，我是股票投资知识的分享人本杰明·格雷厄姆。大家或多或少都在进行经济活动，所以我们应该培养聪明的投资习惯，我打算帮助大家养成良好的投资习惯并且教给大家价值投资理论。

记者： 好的，谢谢您，您在成为优秀的股票投资人之前，家庭环境肯定也有与众不同的地方吧，给我们讲讲您小时候的故事吧。

格雷厄姆： 我于1894年在英国伦敦出生，我们家世代都是在欧洲做瓷器生意的贸易商，为了扩大规模，在美国成立了公司，我们全家都移居到美国。但是父亲去世早，我家也因此生活困顿。母亲忙于生计，而我得一边帮忙做家务一边学习。

当时我母亲也进行了股票投资，但因为投资的公司破产了（丧失全部资产后倒闭），我家的经济更困难了，当时我应该是13岁左右。虽然年纪不大，但为了生计，我不仅要帮助母亲做家务，还要打工挣钱，但是我没有放弃学业。我高中毕业的时候是学校最优秀的毕业生，然后进入哥伦比亚大学。

记者：听说您在哥伦比亚上大学的时候，大家都说您是天才学生，虽然年纪很小，但还是被推荐留校任教。不过您放弃了这个机会，走上了金融专家的道路，做出这样的选择一定不容易吧。

格雷厄姆：是的。我当时被推荐留校任教，而且是文学系、哲学系、数学系同时发出了邀请，但我当时有自己的梦想，那就是进军华尔街。我对股票投资很感兴趣，所以毕业以后直接去了华尔街，成了一名证券分析师，当时我21岁，之后也做过基金经理，25岁以后拿到了非常高的年薪，在华尔街也获得了大家的认可。当时的股票市场是依据技术分析来进行投资的，但我觉得比起这些数字分析，直接去公司现场访问来确定将要投资的企业更好。虽然这件事情很困难，但确实非常有意思。

华尔街

位于美国纽约曼哈顿区南部的金融密集区域，被称为世界金融中心。

记者：之后您又回到了哥伦比亚大学授课，

还创立了公司。给我们讲一讲这些事情吧。

格雷厄姆：从公司辞职以后，我去大学教授自己在实践中领悟到的理论知识，授课的内容是关于"证券分析"的投资论。几年之后，我创办了公司，直到我退休，公司连续20年的年均收益率都超过了14%，当时的市场平均收益率为12%，所以我取得的成就是很了不起的。大家可能知道有一种说法叫"复利魔术"。比如某个人有100万韩元，如果投资那些年收益率达到14%的产品，是不是几年就会翻番呢？5年以后大约会变成200万韩元。如果各位把100万韩元放在我们公司，20年后大约会变成1340万韩元。

记者：真是非常了不起。那能创造高收益的秘诀是什么呢？虽然您在后文肯定也会详细

"复利魔术"示意图 （单位：韩元）

地讲述这些问题，但能不能剧透一点呢？

格雷厄姆：当时的股票投资偏重技术分析，体系化的基础分析有很多不足。我们直接对企业进行走访，发掘较好的企业。其实大部分企业都有负债，我们喜欢的是那些即使公司整顿也能保证股东利益，或者现金保有能力强但被大众低估的企业。

这个阶段，入职我们公司的一名员工很出色，他比我更有实力，所以我退休的时候把公司交给了他。他是个很了不起的人！

记者：比您更有实力的人吗？是谁呢？

格雷厄姆：他现在比我更有名了，哈哈。大家听说过巴菲特吧，他很喜欢我的课，更把我的价值投资理论付诸实践，应该说是我的得意门生。大家如果对他感兴趣，可以听一听他的课。

记者：好的。您有两本书在股票投资者中人气很高，其中《聪明的投资者》更是被誉为不朽的名著，能给我们讲一下那本书吗？

格雷厄姆：为了让初级投资者和专家都能

看懂，我把价值投资理论整理成了书。书里有一点是我很想强调的，是从序言部分就出现的一句话，那就是投资和投机是不同的。通常，人们会把股票投资当作投机，最终走向失败。我指出了这个问题，并提出了应对方法和应当采取的态度，这就是《聪明的投资者》一书的主要内容。任何人都是聪明的投资者，但如果抱着投机的想法进入股票市场，不知不觉间就会成为愚蠢的投机者，那就非常可惜了。

记者：好的，那更详细的内容我们通过后文来了解，您讲的内容一定很有趣。最后，有没有要跟读者说的话呢？

格雷厄姆：很多人都想成为富人，但大众把成为富人想得太简单了，反而是那些能成为富人的人在努力地挣钱。在挣钱和消费的过程中，富人会思考原则、信念、企业、社会，这能让财富循环起来，成为更富的人。它们同样适用于经济系统。

各位读者，股票投资是社会投资的基本经济活动，也是让经济循环起来的根源性活动。这么重要的行为中如果掺杂了个人贪欲的话，经济系统就会出现问题，这一问题最终也会影响我们。因此，我希望大家从现在开始就能采取有助于企业和社会的正确态度，也真心地希望各位能创造更多的个人财富。

记者：非常感谢。对格雷厄姆先生的采访到此为止，我们进入正题。以上就是特约记者的独家访谈。

目录

第一章

透过历史看泡沫经济

泡沫现象（Bubble phenomenon）是市场中普遍存在的一种经济现象。经济学中的泡沫现象，是指投资、生产等实体经济并不活跃，但物价上升，不动产投机严重，证券市场过热，资金流动活跃的现象。在实体经济不活跃的情况下，价格上升会引发聚集性投机，价格上升趋势就会延续下去。最终，经济就像泡沫一样破裂，急剧地恢复到原本状态。换言之，泡沫折射的是非理性的投机行为，也是经济现象之一，接下来我们详细了解一下这一现象。

荷兰郁金香热潮

也许大家还不太了解，经济泡沫在历史上曾经多次出现。经济具有周期性，有涨就有跌，涨幅过大就会出现泡沫现象。在泡沫时期，人们认为经济会持续增长，所以会或多或少地高估经济增长。相反，经济如果持续下行，就会出现经济发展被低估，经济下滑的幅度也会逐渐变大，这一现象被称作"暴跌"。

现在我们来回顾一下世界历史上都经历过

东印度公司

17世纪欧洲各国为了与印度及东南亚国家开展贸易活动，在东印度设立的贸易垄断公司。

哪些大的经济泡沫。

1634年至1637年，荷兰出现了盛极一时的郁金香热。当时欧洲与全世界之间的贸易往来高度发达，大航海时代，哥伦布发现了新大陆。在东印度公司的推动下，荷兰的贸易得到了迅速发展。

大家耳熟能详的热门电影《加勒比海盗》中就有东印度公司。这部以近代海洋为背景的电影里，经常出现"东印度公司"一词，其最初是17世纪到19世纪欧洲各国为发展东南亚贸易和开拓殖民地而设立的。当时，东印度公司被荷兰、英国、法国等国家垄断把控。事实上，当时还出现过"西印度公司"，该公司由荷兰于1621年设立，目的是垄断非洲西海岸和美洲沿岸贸易。

当时的欧洲在西欧国家的带领下，频繁地与中国等亚洲国家进行贸易往来，并将在贸易中获取到的大量财富用作开发新大陆，新大陆由此成为欧洲人的逐梦之地。究其原因：一方面，欧洲列强在这一过程中能够获取大量的黄金储备；另一方面，欧洲人经历了长期的战争创伤，面对本国满目疮痍的情形，资源丰富的新大陆在他们心目中成为天堂般的存在。于是，欧洲人开始走向全世界。

欧洲人发现新大陆实际上是一个偶然事件。当时欧洲人的目标是环非洲航行，以中亚、中国、印度等亚洲国家或地区为对象进行贸易往来，但偶然地搞错了洋流方向，驶入了大西洋，船只到达的地方就是我们熟知的新大陆——美洲大陆，发现新大陆的人就是哥伦布。但我们不能简单地将哥伦布发现新大陆的意义局限于发现了一片土地。更重要的是，哥伦布通过航海增进了人类对洋流的理解。因为当时人们认为不存在横穿大西洋的洋流，而哥伦布偶然的发现证明了这一洋流的存在。在此基础上，随着对洋流了解的深入，欧洲人开始驶入太平洋，将整个世界都纳入西方列强殖民地的范围。

让我们重新回到郁金香这一话题。当时的荷兰是欧洲列国中最富足的国家，郁金香作为荷兰贵族不可或缺的装饰品和奢侈品，成为财富的象征。这导致了郁金香价格的剧烈变动。两年之内，一株郁金香的价格从1.2盾涨到50倍左右，高达60盾，换算成今天的货币大概一

1634年左右，荷兰郁金香热潮的主角——郁金香

株为1亿韩元①。然而，这一高价仅仅维持了不到一年的时间就暴跌到了0.1盾。就这样，郁金香的价格经历了极端的暴涨、暴跌。回顾这一现象并非在刻意夸大近现代新产业的兴起与

———————————
① 汇率时有变动，1亿韩元为52万～55万元人民币。——译者注

发展，而是以此来说明单纯的投机行为可能会造成巨大的经济泡沫和商品价格的暴跌。

当代LCD（液晶屏）电视的价格变化也是一个很好的例证。一旦想要购买某种新产品的消费者剧增，而商品数量又短缺，该商品的价格就会快速攀升。LCD电视刚上市时，画质比老式电视要好得多。很多消费者想买LCD电视，但其价格太贵，消费者难以负担。但是，总有人会高价购入LCD电视，因为他们对电视有着增值预期或实际需求，并不认为这是高价。然而，随着其他公司也投入生产LCD电视，不同公司的价格及产品开始出现差距。一开始未能购买到LCD电视的消费者此时就能以较低价格购入，一定程度上供给充足后，价格就会下降。因为，在消费者眼里，如果产品质量相似，即使稍差些，也会购买低价商品，销售商也可以通过兜售大量商品获利。如此一来，大多数消费者都能买到 LCD 电视。再过一段时间，如果出现比 LCD 电视更为先进的产品，购买 LCD 电视的人则会减少。虽然此时 LCD 电视的价格并未大幅下降，但随着消费者逐渐转向其他产品，火爆一时的 LCD 电视价格也很快会一落千丈！

这是实际发生过的案例。事实上，所有产品的价格和供求关系就像这款 LCD 电视一样。LCD 电视的价格大幅下降，之后出现了 LED 电视和智能电视等性能好、画质高的产品。现在，集成了最新技术的电视产品依然在更新换代。除此之外，传呼机和手机也是类似的典型案例。

综上，当消费产品丧失稀缺性，大量类似产品上市以后，该产品的价格就不可避免地下降，不管是以前还是当下，这一点古往今来都是通用的。

引发战争的泡沫——美国经济大萧条

1929 年 10 月 24 日周四，纽约华尔街股价

暴跌，整个股市陷入一片混乱。美联储从1929年8月开始将利率上调至6%，

将证券交易商利率即贷款利率上调至20%。当时，证券交易商通常通过银行贷款来筹措投资资金，上调贷款利率无疑加重了他们的负担。20%的年利率就意味着要把年收入的20%以上交给银行，这对企业来说是非常沉重的负担。

无法通过借贷来进行投资股票后，当时的股票投资人纷纷撤出股票市场，他们认为除此之外没有出路。无论是大投资人还是个人投资人，纷纷卖掉所持股票，退出股票市场。股价峰值就是1929年10月24日，当天的股价大跌是无法避免的。

　　因抛售风潮导致1929年10月和11月的股市损失达1600亿美元，这一数值相当于"二战"期间生产的物资总额。华尔街事件是经济大萧条的代表性事例。

　　在介绍下面的内容之前，我们有必要了解一下大萧条的定义。大萧条指的是经济循环过程中出现的经济混乱现象。产品生产和消费之间的均衡被打破，产业停滞，金融状态恶化，企业破产频现，民众陷入恐慌，可以说是山崩地裂。换言之，就像因地震、洪水等自然灾害导致生产和供应运转不良，偶尔会产品过剩，偶尔又会短缺，民众的经济状况变得十分困难。

本书中提到经济危机当然不是自然灾害导致的危机，而是人为造成的经济萧条，其中的代表性事例就是1929年发生的美国经济大萧条。美国经济大萧条招致的结果不仅仅是混乱，甚至引发了第二次世界大战这一悲惨事件。从破坏性来说，属于历史上屈指可数的事件。

接下来，我们来看一下华尔街的这次经济危机是如何爆发的，又是如何在后续引发了战

担保

为确保某项债务的实现而采取的措施，是向债权人提供的保障。

争的。

股市资金流出会导致企业价值下降，以股票作为担保资金的企业要面对资产价值下降、高额贷款利息和贷款本金等问题，一夜之间关门歇业的企业数不胜数，那些失业人员只能和家人一起走上街头。

但更为严重的不仅仅是美国面临的问题。当时美国是第一次世界大战的主要债权国，因本国困境无法回收资金的美国，开始催促其他国家偿还债务，世界由此陷入混乱之中。

举例来说，英国和法国打算把从德国获得的"一战"的赔偿金，用于偿还美国债务。但饱受战争后遗症困扰的德国没有偿还债务的能力，其结果就是出现了希特勒独裁，也就是法西斯政权。美国实行新政，通过催促债务等方式来优先保障本国利益，追求自由经济体制政策。对此，英法两国找不到行之有效的对策，只能选择"压榨"德国。换言之，英法两国将能成为本国利益的部分优先提取出来，这也让德国经济陷入愈加困难的境地。不仅是德国，其他诸国的情况也大致类似，法西斯主义在世界各地滋生。德国、意大利、日本在此时签订了《反共产国际协定》，世界再次面临战争威胁。

> 发生银行挤兑后，金融机构会资不抵债，金融系统整体都将陷入危机之中。

> **《反共产国际协定》**
> 1936年，德国和日本勾结，为防止共产主义势力扩大而签订的协定。第二年，意大利、西班牙、匈牙利等国家加入，意图与共产主义国际组织即第三国际进行对抗。

股票市场的灾难同样给实体经济造成了巨大冲击。股市崩盘后消费和需求急剧下降，这导致了股价的进一步下跌，无异于火上浇油。

在1930年发生的银行挤兑事件（bank run）让总需求下降进一步恶化。银行挤兑是出于民众对银行支付能力的不信任，将存在银行的钱大量提取出来。

若发生银行挤兑事件，即使财务状况良好的银行也会面临破产风险。时任美国总统的富兰克林·德拉诺·罗斯福（Franklin Delano

Roosevelt）对全美银行采取了停业措施，努力帮助银行业重回稳定状态。1930年至1933年美国银行中的五分之一关门停业了。

泡沫经济导致了第二次世界大战的爆发，那美国经济大萧条这一泡沫又是怎样发生的呢？

当时的美国作为第一次世界大战的受惠方，市场活跃，经济繁荣。此时，美国金融之父保罗·沃伯格（Paul Warburg）曾发出警告："若不知克制，不控制贪念，不仅是那些投机的人，全美国都将遭遇危机。"

美国到达了消费周期的顶点。新技术革命使得汽车和大型制造公司非常活跃，1914年至1928年，汽车普及率从10%增长到90%，当时美国通用汽车公司的股价在1922年至1929

年，年平均收益率几乎接近57％。

泡沫经济的两面性

上文回顾了历史上两次大型经济泡沫事件，除了上述两次事件，还有很多大大小小的经济泡沫案例。现在，泡沫依然存在于我们的现实生活中。

泡沫经济打击人们的生活信念，偶尔会造成极端情况。任何事情都有因有果，如果用这句话来总结泡沫经济，那就是泡沫经济是人们无止境的贪欲结出的令人悲伤且丑陋的经济果实。

失业且经济困难的人们无奈地走上街头，孩子们吃不饱饭，无数的企业和银行破产倒闭，经济已经无法发挥自身作用，甚至政府也无法给出良策，这就是泡沫经济引发的崩溃。

泡沫经济让人们知道，过度贪心会导致生活困顿，若想克服它需要人们付出极大的努力。历史上，人们的确克服了危机，并且创造出新的机遇，让世界重现活力。

我们不能只把泡沫当作丑陋的经济现象。人们克服泡沫之后，会创造新的世界，说泡沫经济具有两面性也不为过。

在所有资产价值都大幅下跌时，有些人会借此机会果断投资，他们也成了超级富豪。超级富豪，顾名思义是非常富有的人，他们掌握着全世界经济的动向。代表人物有巴菲特，罗斯柴尔德家族（Rothschild Family），约翰·皮尔庞特·摩根（John Pierpont Morgan），乔治·索罗斯（George Soros），安德鲁·卡耐基（Andrew

Carnegie），比尔·盖茨（Bill Gates）等。

全世界的富豪在经济陷入混乱状态时，往往会选择购入资产。换言之，从低价购入优质资产，长期持有或者在资产升值时卖出，以此来获取高额利润，这为他们创造了财富，也让他们的财富得以维续。

这就是泡沫经济的两面性。泡沫经济对有些人来说是危机，而对另一些人来说则是机遇，我们在分析泡沫经济时不能只考虑一个层面。投资者既要了解危机，也要了解机遇。不仅要有应对危机的方案，更要有利用机会将资产最大化的投资战略，这样才能应对泡沫经济。

第二章

想要了解股份公司

从某种程度上说，正是因为有股票投资，人类才能在不过几百年的时间里创造出数亿年人类历史上未曾有过的繁荣，大家才能生活在这样的繁荣时代。如果不了解股票投资，就无法理解经济。在了解股票投资之前，我们先来看一下股份公司的成立背景。

何为股份公司

在进行股票投资之前，需要先了解股份公司是什么。大家所知晓的大

股东

是指持有公司股份，直接或间接参与公司经营的个人或法人。

部分知名公司都是股份公司形式，所谓股份公司就是通过发行股票，从多个人那里筹措资金而成立的公司。多人筹集资金成立公司后，公司所有权由经营者共有，由股东作为承担有限责任的成员，是资本和经营分离的典型公司形式。

假设各位要自己成立一家公司，大家觉得成立公司时最需要的是什么？当然是运营资金。如果由本人来筹措资金的话，大多是通过向周边人筹集，筹到的资金可能是以投资形式，也可能是以借款形式。

但为了成立公司而向别人借钱是非常危险的事情。所以，那些想要成立公司的人，很多都选择吸引有钱的人、团体、公司的资金。

这时的金钱就是投资资金，支付这些资金的人就是投资人，也叫作股东。如果是团体或者公司的话，则是法人投资人（机构投资人），外国人投资的话就称为外国投资人。

投资人（股东）支付投资资金后，可以获得某些证明，也就是公司根据投资人的出资情况向其发行的股票这一凭证。因为投资人的投资金额各不相同，获得的凭证也是不同的。

上述凭证就是股票，它有一定的定价，具备普通货币的功能，这就是股票价格，又叫作股价。

这里的一个重点是持股比例。根据投资人所持股票数量不同，会形成持股比例，其中持股比例最高的就是大股东，持有小额投资股票的投资人称作小股东。持股比例多的股东拥有公司的权限，是公司的实际管理人，可以解聘公司的首席执行官。

你可能偶尔在报纸或者电视新闻上看到过公司股东之间的"法庭大战"，这些斗争的目的通常都是抢夺公司更多的权限。那小股东能行使公司管理人的权利吗？答案是肯定的。小股东也是所投资公司的股东，只是持股比例低，但权利行使与大股东是一样的。

我们举个例子。Hancom 公司是以 Hangul Office[①] 软件著称的一家公司。1998 年，公司因

> 所谓股份公司，是指以发行股票的方式从多人手中筹集资金，进而成立的公司。

> 我把股东的投资资金"吃掉"以后就会成为公司。

---

① 在韩国人人皆知的一款office软件。——编者注

经营不善出现了第一次破产危机。公司管理层为了拯救公司，计划与办公软件领域的世界第一企业微软公司联手。Hancom公司的目的是希望公司运营正常化，微软公司的目的是希望Hancom公司能放弃Hangul Office软件的开发，让微软公司的产品在韩国可以广泛使用。双方一拍即合，微软公司决定向Hancom公司投资1000万～2000万美元。但得知这一消息后，Hangul Office软件的用户表示，不能放弃韩文处理能力非常优秀的Hangul文字处理器，甚至韩文学者也参与进来，事态逐渐扩大。最终，韩文学会等多个团体成立了守护韩文运动本部，筹集了100亿韩元资金，把这笔资金用于向Hancom公司投资，Hancom公司也因此起死回生。这100亿韩元是小额投资集合而来的资金，世界顶尖企业面对小股东的决议也束手无策，Hancom事件就此落幕。就像大卫与巨人歌利亚的战争中，牧童大卫取得了胜利。Hancom公司的小股东们利用自己手中的权力，履行应尽义务，最终让公司回归正轨，在这一过程中起到了至关重要的作用，甚至比那些把公司带入困境的管理层和大股东的表现更优秀。由此可见，公司的兴亡成败并非全部由大股东来决定的，Hancom事件就是一个生动的例子。

各位投资的公司在每年年末或年中，会将公司收益分配给股东，这就是分红。分红可以是股票形式（股票分红），也可以是现金形式（现金分红）。还有可能，如果大家投资了饼干公司，年末或许会收到饼干大礼包……

股价何时涨何时跌

企业股价不是一成不变的，有时会上涨，有时会下跌，股价的涨跌受多重因素影响。大家首先要知道的是股价何时上涨。

股价上涨的原因有很多，其中最重要的当然是企业经营良好这一内因。举例来说，研发出新技术，引入新投资等都有助于企业的发展，这些消息会成为股价上涨的原因。企业发展良好对现有投资者来说是利好消息，也能让

股市行情电子屏

新投资人坚定投资信心。换言之，如果想要购入公司股票的人比想要抛售的人多的话，股价就会上涨。

劳资纠纷
劳动者和公司之间产生利益冲突，进而引发矛盾的现象。

如果各位投资的企业所生产的产品，不仅各位在用，其他很多人也在使用的话，就说明产品的销量很好，这也是销售额增加的证据。

相反，一旦企业利润下降，这会成为股价下跌的原因。股价下跌的原因还包括公司的经营陷入困境、主打产品销量下滑、新投资产品失败、劳资纠纷、公司领导层贪污公款、公司与消费者之间的纷争，等等。

除了内部因素，外部因素对股价也有很大影响。大家可能在报纸或者新闻上见到过"今日股市暴涨"这样的话，这样的报道不是针对某家公司的，而是针对整体股市的。换言之，综合股票指数的涨跌意味着大部分企业的股票也在同步涨跌。

影响股票市场的多重因素

那么，影响整体股票市场的因素有哪些呢？我们来举例看一下。

韩国成功举办了1988年汉城奥运会和2002年韩日世界杯，这样的大型国际赛事会让一个国家的经济更上一层楼，这是为什么呢？

首先，要想承办国际赛事只有一两个体育场馆是远远不够的，要建造多个体育场馆，还需要整修道路和周边设施，众多的外国人进入本国，需要解决他们的衣食住行问题，这些过程需要非常多的资源。

其次，对于韩国国内企业来说，相当于有了一次把自己介绍给全世界的机会。因此，承办奥运会、世界杯等国际赛事会成为国内股价上涨的因素（见表2-1）。中国举办2008年北京奥运会使得其股票市场规模扩大，也有这样的原因。

表2-1　影响股价的因素

外部因素	内部因素
周边局势 国际大型赛事 国际油价和资源价格上涨 美国、中国、欧洲等国家和地区的经济动向 利率调整 影响经济的政策	研发新技术 引进新投资 聘用知名首席执行官 劳资纠纷和解

综上，企业股价的涨跌受到外因和内因的双重影响。要想学习股票投资，仅仅掌握某一家企业的知识是远远不够的，需要具备一定程度的世界观和历史观，还需要具备经济知识和一般性常识。如果大家坚持学习股票知识的话，能自然而然且轻松地掌握这些知识，哪怕上学时觉得它们很难。

创办公司需要大量资本。

公司通过发行股票来筹集资本。

感谢您投资我们公司。

股票

股价有时涨有时跌，受多种因素影响。

新技术研发、引入新投资等是可以促使股价上涨的内因。相反，若公司资金状况不良，也会导致股价下跌。

祝贺！全球首创新药研发成功！

奥运会和世界杯等国际赛事对股价会产生积极影响，这可以说是外因。

第三章

造成股价波动的原因

　　股市一直重复着上涨和下跌的过程，但通常我们希望自己投资的企业一直保持上涨态势。投资者希望通过股价上涨来创造投资收益，但股市并不总是上涨，也有下跌的情况。

对利率十分敏感的股价

我们先明确利率的定义。所谓利率，指的是对借款收取的利息占借贷金额（本金）的比率。如果我们找别人借钱，有时是需要支付利息的，支付的利息由利率决定。如果从银行这样的金融机构借钱的话，除了同样要偿还本金，支付利息也是必需的。如果利息太高，对借钱的人来说就是很大的负担，利息低则负担小。

股市对利率的变动十分敏感，两者之间呈逆关系。利率调整时股价会变动，利率上调时股价下跌，利率下调时股价上涨。

这是为什么呢？原因是利率上调的话，市场流动资金的利息也会上涨。为了减轻利息造成的负担，人们会选择优先偿还银行贷款，市场流动资金就会流进银行。这时，股市里的资金也会流出。利率上调时，高利息会导致企业利润降低，企业的实际营收会减少，股价就会随之下跌。在股票市场中，资金流出和企业利润降低会导致股价下跌。

市场流动资金
在市场中流动的钱。

相反，低利率状态与高利率状态下出现的现象是不一样的。从个人角度来看，为了扩大金融资产的规模，比起将资金存入银行所得的

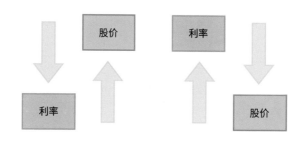

利率引发的股价变动

低利息，人们更愿意寻找可以产生更多收益的投资对象。这时，市场流动资金就会慢慢向股市靠拢。

从企业的角度来看，在低利率状态下，即使企业的收益不好，但利率本来就低，还是有很多益处的。这时，比起低利息的银行存款，市场流动资金会集中到投资领域，结果就是流入股市的资金更多。

我们通常把市场中资金的频繁流动叫作

"流动强势"，流动强势的特征就是股价会依靠资金的力量上涨，而股价上涨又能为企业增加厂房设备投资，最终让经济得以恢复。

世界经济高速增长和股市暴涨背后的重要原因正是低利率。

世界经济维持了很长时间的低利率基调，利率会持续走低还是上调，是政策制定阶层要慎重考虑的问题。利率对股市的影响很大，从投资人的角度来看，需要格外注意利率问题。

汇率影响下的股价

我们先看一下汇率的定义。所谓汇率，是指一个国家的货币与其他国家的货币之间的汇兑比率。虽然乍一听有点难，但仔细想一下就简单了。韩国的货币是韩币，美国的货币是美元，中国的货币是人民币，日本的货币是日元。但是，韩币可以在美国直接使用吗？当然是不可能的，那应该怎么办呢？

把韩币换成美元就可以了。但问题是韩币的价值和美元是不同的，1000韩元能换多少美元？答案是1美元[①]。为什么是1美元？这是根据标准来确定的，这样的标准就叫作汇率。汇率每天都在变动，韩币的价值也有时升高，有时降低。

与外国企业进行贸易的公司对汇率非常敏感，因为同样数量的货物，随着韩币对美元汇率的变化，可收款项会时高时低。

汇率对股价的影响也很大，因为外国投资人对汇率十分敏感，从外国人的角度来看，汇

---

① 此处是韩文原书出版时的汇率。——编者注

汇兑损失

　　持有外汇资产或债务时，随着汇率变动，以本国货币评价的资产（或债务）价值会发生变动。产生收益时称为汇兑收益，产生损失时称为汇兑损失。

率不仅影响股市交易，更会产生汇兑损失。

　　韩国国内的企业也是一样的。如果美元强势，对海外出口业务占比较大的企业来说会增强价格竞争力。当然，韩国的出口企业在美元强势时，除了销售额，还会产生营业外收益。但对进口企业或者外债较多的企业来说，美元强势意味着成本增加，会损害自身利益。

　　相反，如果美元弱势，进口时购入商品的美元负担就会下降，对进口依存度高或者外债较多的企业来说，能从中得到实惠。韩国国内企业大都从外国进口原材料，能以较低价格购入原材料的话，从中可以获得很高利润。石油、钢铁、铁矿石是比较有代表性的品类，在美元弱势，也就是韩币强势情况下，这些企业可以坐享其成般地获取利润。

回顾金融危机前后韩国股市与韩元－美元汇率之间的关系，可以发现上述规律仿佛公式一般。

在2007年之前韩国经济形势利好时，美元处于强势状态，2008年发生金融危机时，美元处于弱势状态。美元强势时，以三星为代表的信息技术（IT）产业凭借出口积累了足够的资本，在这样的发展势头与韩国国内低利率的助力下，股市迎来了繁荣期。

经济危机时美元弱势，即便利率低，外国人为了应对不稳定的国际经济形势，纷纷选择抛售股票，增加现金持有量。曾经异常红火的出口企业面对股市下跌也束手无策，投资意愿也完全丧失。甚至所有人都急于处理所持股票，当时的股市更是暴跌。股市暴跌的原因之一就是外国人抛售股票，这具有巨大的破坏力。

由此可见，股市是随着诸多影响因素一同波动的，股价分析有时看起来很难，有时看起来却很简单。但那些急于求成的股票投资者在进行股票交易时往往轻率冲动，反而让简单的事情变得复杂，这一点要谨记。

动摇股价的政府政策

股票市场中也存在经济。市场经济的主体不是一般个人也不是企业的首席执行官，而是政府。政府为了国家生计制定各种政策，市场经济随着这些政策而动。

政府为民众规划出宏伟蓝图，作为国家这一组织的大家长更要承担起解决民众生计问题的责任。

过去，民众生计是韩国最大的问题。不发达国家和发展中国家为了解决生计问题，对基础产业产生了兴趣。要想发展基础产业，首先要具备基础设施。就像工厂要想制造产品，不仅需要场地，还需要配备生活必需的上下水道及电气的房子，需要可以运送原材料和成品的道路，建筑业就是如此发展起来的。在公路、桥梁、城市开发、配套设备等的建设过程中，经济建设大踏步发展，建筑业成为经济开发的主角。工业发展起来之后，运输业的重要性逐步凸显出来，这也促进了汽车行业和重工业的发展。

时光流逝，到了20世纪90年代的韩国金融危机时期，时任韩国总统金大中认为IT产业是重中之重，因此在韩国引发了风投热潮。当时，金大中总统为韩国经济的未来而苦恼时，两位世界级重要人物访问了韩国。

那两个人是谁？正是美国微软公司的比尔·盖茨和日本软银集团的孙正义。金大中先生邀请两人见面会谈，咨询了许多问题，结论就是 IT 产业是未来经济的支柱，他确信韩国的未来就在 IT 产业里。为此，政府展开了对相关产业的积极扶持。当时的韩国在过去政府的努力下，发展起半导体、通信产业、家电产品、手机等 IT 相关产业，并位居世界前列。

我们看一下其他例子。为了改善校外教育问题而出现的新事物是在线教育。当时，校外教育在家庭支出中占比非常高，政府希望能让所有的学生以低廉的价格学习优质的课程，在线教育作为应对方案应运而生，这也给了很多学生公平学习的机会。Megastudy（韩国一家在线教育平台）就是这一时期的产物，也是受益于政府政策得以推进的事例之一。

这样的事例还有很多。三星电子公司的发

展也与政府不无关系。过去，时代需要的是建筑业、钢铁行业。之后，已故三星集团创始人李秉喆把半导体研发工作作为人生的最后一项事业，因为他认为信息技术是未来产业的增长动力。这样的愿景计划，只依靠经营者的远见卓识是无法实现的。国家不能没有远期计划，必须思考将来的国家生计问题，这些问题点如果能够和企业契合，就会诞生新的产业，世界级大企业三星电子公司就是这样诞生的。

由此可见，作为投资者一定要关注政府的规划产业。2010年以后，绿色产业和能源产业作为未来增长产业，成为世人关注的焦点。这些与政府规划相契合的企业在政策颁布以后，其股价呈现出上涨趋势，企业的蓝图也纷纷与政府政策同步。

对股价造成影响的因素大致有三类——利率、汇率、政策。

利率下调时，市场流动资金会向投资对象靠拢，聚集到股市后股价就会上涨。

汇率也是影响股价的重要因素。2008年金融危机时，美元处于弱势导致外国资本出逃，股价也因此暴跌。

国家经济政策的动向也是影响股价的要素之一。

我们也一起！

第四章

试试股票投资

前文讲解了股票投资是什么，跟我们之间有怎样的关系。我们以这些知识为基础，直接尝试一下股票投资怎么样？去证券公司找一些简单的证券来尝试一下。

证券账户

如果想快速理解股票投资，最好的办法就是直接尝试一下。股票投资不是只有富人和大人才能做，用少量的钱也可以进行股票投资，而且可以少量购买股票。有些时候，可以买一股尝试一下，也就是说持有的股票不一定要多。

在进行股票投资以前有一件事情一定要做，要通过证券公司来操作，个人是无法直接进行股票交易的。

就像大家去银行办理业务需要存折或银行卡一样，进行股票投资需要去证券公司开设交易账户。在选择证券公司时，要选择能够快速且准确地处理交易，不吝啬手续费的公司，选择已经上市或者注册的证券公司是最基本的方法。事先去证券公司实地探访一下，看看其营业网点的环境，与公司职员直接进行沟通也是不错的选择。

选择证券公司非常重要。有些证券公司偶尔会被处以停业处分，因此要选择那些财务基础良好的公司。一个可以简单知晓证券公司财务情况的办法，就是看该公司的股价。股价低在某种程度上说明其存在资产不良情况，在选择时对这样的公司要慎重考虑。现在，家庭交易系统服务发展起来之后，可以不用亲自去证券公司了，但每个公司的氛围肯定是不同的。

选好证券公司的下一步是什么？准备可以进行股票投资的系统，要去证券公司开立最初账户。开户是股票投资的入门，可以把它看作实现股票资金收支的系统，想要进行股票投资，就需要有本人名下的账户。

完成开户以后会收到证券卡，有时也会按照投资人的要求以存折的形式开户，再将投资资金打入账户就可以进行股票投资了。卡里或存折里的投资资金是用于股票交易的，使用时需要十分慎重。

最后可以申请家庭交易系统，并完成相关设置。使用家庭交易系统可以用自己的电脑进行股票投资，可以在线浏览各种分析表格及企业相关公告和资料，还可以享受证券公司提供的附加服务，是股票交易中用途非常广泛的系统。所以，不论你将来是否会使用家庭交易系统，都要先申请下来。

想要进行股票投资，要先从交易方式学起。

交易方式有三种：第一种是去证券公司营业点填写书面申报表，进行委托交易。书面资料需要填写关于企业的各种信息，如实填写后交给证券公司职员就可以了。第二种是电话委托。因为电话可以录音，与交易所直接委托效果相同。第三种是直接用电脑或无线终端进行操作的家庭交易系统，该系统是在证券公司官网上直接进行委托，是如今委托交易的主要形式。

委托交易后，并非所有的股票数量都能按照自己的理想价格成交，投资人需要知道成交的原则。成交主要有三大原则：价格优先原则、时间优先原则、数量优先原则。

若按照价格优先原则，在卖出股票时低价交易优先，在买入股票时高价交易优先。换言之，标价低和出价高的交易会优先成交。

根据时间优先原则，在相同价格下，先提出交易申请的一方拥有优先权，即以相同上限价申请交易时，先申请的一方优先成交。

根据数量优先原则，在相同价格、相同时间下交易量多的交易方拥有优先权。例如，当你申请交易2000股时，如果其他投资人的交易量更多，可能你完全无法达成交易，或者只能达成交易一部分。

每月买一股三星电子公司的股票

开设好证券账户以后要做什么？

当然是选择要投资的企业。大家在选择企业时，如果是通过分析财务报表、走势图这样的高难度方式来选择，往往会出现问题。

那第一份投资经历应该从何处着手呢？

要先从自己熟悉的企业开始积累经验。比方说，各位的父母工作的企业，如果这些企业在交易所或 KOSDAQ[①] 注册或上市了，当然应该先投资父母工作的企业。之所以这么做，是因为比起完全不熟悉的企业，可以更快地了解这些企业的市场情况和股票动向。有一个投资人，他在船舶运输公司工作，他会以船舶运输

---

① 全称为韩国证券交易商协会自动报价系统，是韩国的创业板市场，隶属于韩国交易所。——译者注

量、高频目的地和出发地为依据对当下的市场情况进行分析。最终，他投资了与中国相关的企业和基金，获得了较高收益。

我们周围有很多好公司，即便如此，有些人总会投资一些连专业投资人也不知道的公司，最后落入两难境地。就连电视和广告路牌上都会出现很多熟悉的企业，实在无法理解为什么有些人会选择那样的投资对象，着实非常可惜。

如果有一段时间，在电视和大众传媒上频繁地展现某一企业的广告，那对投资人来说是非常重要的信号。这时，通常是研发成功的新产品要上市了，需要格外注意。就像以前房地产市场大热的时候，电视被房地产公司的广告刷屏，这些广告是房地产公司发展良好的证据。有关智能手机和移动通信的广告，汽车公司新车广告等也是一样的。

选定企业以后要做什么？

购买该企业的股票就可以了。还有一点，就算大家在以后的成长中也是一样的，那就是一定要长期投资。

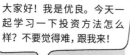

大家好！我是优良。今天一起学习一下投资方法怎么样？不要觉得难，跟我来！

股票投资的第一步就是开设账户！去找一家资信良好的证券公司开一个账户吧。

当想要购买同一股票的人较多时，出价最高的人拥有优先权，这就是价格优先原则。

现在买入的一股股票，以后可能会成为一笔大的资产。当然，选择经营状况良好的公司很重要。股票投资很容易吧！

第五章

何为格雷厄姆口中的 "聪明的投资者"

　　"企业家精神"的英语是 entrepreneurship，这是一个合成词，由表示勇于冒险的法语 "entrepreneur"和表示精神的英语"ship"的组成。从单词的语源上可以看出，企业家的核心精神可以概括为冒险和挑战。透过那些实现创造性突破的企业家的事例，我们来一起重温企业家精神。

好的投资习惯

大家是如何看待习惯的？习惯有好有坏，有些行为中一些好习惯和坏习惯总是同时存在。如果有坏习惯会发生不好的事情，相反，有好习惯就会发生好事情。

投资也是一样的。在入门阶段就需要带着好习惯开始，这样才能成为优秀的投资者，从而积累财富。但事与愿违，大部分人都是从坏习惯学起，也因此在投资的过程中一败涂地。

本杰明·格雷厄姆所著的《聪明的投资者》序言开头部分提到，"本书中涉及股票分析技巧的内容较少，投资原则和投资者态度等内容所占篇幅较多"。本书的第一章也是从投资和投机的区别讲述。这一章，依然介绍投资和投机的区别。

先说结论，所谓好的投资习惯就是理解了投资本质的习惯。不是单纯地追求收益，而是按照投资的定义进行实践。前文也提到过，股市投资就是把资金交给股份公司，让这些公司生产出社会必需品，让所有社会成员能够实现幸福目标。这就是股票投资的本质定义，为了实现这样的目的，比起让投资企业创造更多的投资收益，拥有足够的耐心等待企业实现优良发展才是优秀的投资习惯。

例如，那些投资了苹果公司的投资者，他们的心境是怎样的？除了获得投资收益，可能更开心的是自己投资的公司改变了世界。出于对史蒂夫·乔布斯（Steve Jobs）的信任，投资者从未撤回投资资金，他们在苹果公司改变世界的过程中发挥了重要作用，他们对苹果公司的情感肯定也与众不同。我想向各位强调的就是这样的投资。巴菲特也是将这一理论付诸实践，他同样也向很多投资人强调了良好投资习惯的重要性。

以前，巴菲特说过这样的话：

"想要投资成功，不需要智慧超群、对企业的非凡洞察力、内部信息等，需要的是能够做出正确决策的健全的知识体系，需要的是感情控制能力，以防对该体系造成损害。"

他还说："在投资中能够获得怎样的结果，除了为投资付出的努力和知识，还与证券市场的异常程度有关。证券市场异常波动越大，对专业投资人来说就意味着越大的机会。参照格雷厄姆的投资方法的话，就不会参与这样的投资行为，反而会因这样的行为而获利。"

有明智的投资就会有明智的投机。许多投资者都认为自己的投资行为是明智的，有些时候还认为自己的投机行为也是明智的，但大部分投机行为都不可能是明智的。

我们来看一下其中比较有代表性的一些行为。

（1）脑子里想的是投资，但实际行为是投机。

投资了优秀企业，但是一旦产生一点收益

或者损失就马上收回投资资金。

（2）缺乏相关的知识和技术，却进行大量投资。

在缺乏企业知识的时候，投资应该适当，过分信任企业的话，最后会全盘接收错误信息。

（3）在投机行为中花费的钱远远超过了自己的承受能力。

顾名思义，就是借钱来投资，这是非常不理智的行为。

许多人都在进行股票投资，如果这些人都自认是投资者，那股票市场就危险了。这时，投资者往往会进行盲目投资，这种行为就是投机。被盲目的期待所迷惑，任由非法行为蔓延开来，甚至把不符合伦理的行为当作正常的，这时就预示着股价要暴跌了。我是十分警惕这些投机行为的。

防御型投资者可以期待的结果

本杰明·格雷厄姆是这样定义防御型投资者的："重视稳定性，不想被投资困扰的人。"

根据投资倾向，可以将投资者分为攻击型投资者和防御型投资者，攻击型投资者大都对股市和本人投资的企业持乐观态度。相反，防御型投资者通常对股市持不乐观态度，投资时会做好股市下跌的准备，他们害怕遭受损失，但并不关心股市涨跌，想要安稳投资。

所以，他建议防御型投资者，不要把资金全部投在股市里，也就是要把投资资金分散开，确保它的安全。

其中最具代表性的投资就是债券投资。与股票投资不同，债券投资是可以保障本金的，但收益比股票要少。所以最好是同时进行债券投资和股票投资。

> 债券是企业或政府借款的凭证。购买债券表示购买人将资金借给发行人，债券有规定的利息，债券价格和债券收益率成反比例关系。

格雷厄姆认为比较好的投资比例是50％的资金投入债券，50％资金投入股票，如果感觉股市风险提高了，可以把股票投资资金的比例调整到25％，如果觉得股市下跌渐渐有吸引力了，可以把股票投资比例提升到75％。我们是无法预测股市的，因此要灵活调整用于投资债券和股票的资金比例，这样才能取得不错的收益。

另外，当有人向你推荐高人气企业，保证可以取得较高收益时，投资之后一定不要期待自己能获得高于市场平均水平的收益。长期来看，几乎都会事与愿违。也就是说，比起高收益，遭遇高损失的可能性更大。

举例来说，一股股票的价格在上升之前是650韩元，一些确信股票可以获得高收益的投资者会一次性大量购入，大量交易导致股票上涨到37400韩元，之后便开始慢慢回跌。走势图下端的柱形图表示的是交易量，交易量大表示聚集了很多投资人。换言之，投资人盲目期待高涨的时间点就是股价暴涨的时间，后投资的那些投资人就会有所损失。

认为不切实际的高收益可以得到保证，进而购买股票的冒险行为是不可取的，保守的投资方法在收益方面会发挥更加积极的作用，这才是成功的投资，也是本章想要强调的内容。

投资哪种企业更好

何为成长股？是指股票的市场价格具有长期增长可能性的优良股票，是由成长型公司发行的股票，该类型公司是指公司的销售额和利润增长率明显高于一般经济趋势和行业内同类公司。因此，很多投资者都喜欢投资这样的公司。

但是，在投资成长股的背后有我们不知道的事实。业绩优良和前景较好的股票交易价格一般偏高，即使投资者对股票价格前景判断正确，通常会因高期望值造成高价交易，因此可能无法获得较高收益。况且，对公司前景的判断还有可能是错误的。超出常规的高增长是无法永远保持的。如果一家公司已经取得了令人

瞩目的成绩，那很有可能以现在的规模很难重现以往的成功，到达某个节点后，走势曲线可能会不升反降。

本杰明·格雷厄姆曾经研究过纽约证券交易所的120个成长股基金的投资收益，但令人惊讶的是收益并没有那么好，这是因为该公司的出众前景已经被市场充分认可，公司的投资技术长期不会发生变化，但相应股票的投资风险会被市场中发生的事件所左右。大众越是对这样的股票狂热，股价上升，超过平均收益的幅度越大，对这样的股票进行投资就越危险，当时他曾经对这些现象发出过警告。

这样的警告是向什么人发出的？就是那些专门学习了股票知识的证券从业者和基金经理，大家不觉得很有意思吗？即使是专家，追逐利益的过程中也有可能给客户造成资产损失，格雷厄姆想告诉他们不要一味地追求收益。

"没有一棵树能够直通天际。"

"不论做多做空，都有可能赚钱，唯有贪心者例外。"

——华尔街的两则古老格言

格雷厄姆推荐的企业选择方法

第一，投资那些相对来说人气不高，但规模大的公司。

当某股票取得了骄人的成绩，或者因为其他理由而极具吸引力时，人们往往会对它给予过高评价，这是市场中一直持续的现象。同样，当结果不能让人满意时，人们也会对那些未达到自己预期且人气低迷的公司给予过低评价，这是股市的基本认知。

曾经位居世界第二的半导体公司海力士就是典型的例子。海力士不仅技术优良，公司收益情况也表现良好，但公司现金流动不足，慢慢陷入即将破产的境地。公司股价每天都在下跌，最终一落千丈。政府为了拯救该企业，决定由政府出面对企业进行管理，花费了数年时间，终于使企业重回正轨。

大家知道世界第二的海力士后来的结果如何吗？最终，企业回归正常化，并且重回世界第二半导体的位置，股价也上涨到非常高的区间。

格雷厄姆想给大家推荐的企业就是像海力士这样，虽然暂时陷入困境，但拥有强大技术能力和影响力的公司。有时这些企业不在大家的关心范围之内，但他们能给投资者带来巨大收益。

专业投资人也需要关注人气低迷的大型公司，因为这些人气低迷的大型公司虽然陷入不景气的困境，但其拥有良好的物力和人力资本能够让他们重建收益基础。巴菲特也曾投资过这样的大型公司，长期持有这些公司的股票，如今依然能带来巨大收益。

第二，投资二流公司。

大部分二流公司意味着主流产业的非头部公司，这些公司通常在所属行业属于相对较小的公司，他们有可能成为次要领域的主要企业。这些公司的股票交易价格比一流公司低，但人们往往因为二流公司未来的不确定性而不购买这些公司的股票。因此，二流公司在市场上的受关注程度低，且成交价格也低。尽管备受冷落，二流公司的业绩却往往非常好，在市场上被低估了。

在公司被低估的情况下，让投资者确信能产生收益的依据是什么？第一，分红相对较高，分红指的是公司以现金或股票的方式向股

在无数的公司中，发掘具有高增长价值的公司是十分必要的！

东分配收益。第二，相比投资价格来说，该类公司的投资收益较高，股价也会上涨。第三，股价持续上涨时，与其他大部分公司相比，被低估公司的股价起码会上涨到合理水平。第四，在一般市场中价格调整过程是一直持续的，此时被低估的二流公司的股价有可能上升到正常水平。第五，通常情况下，对收益造成不良影响的因素会因为新环境变化、新政策实施、新方针变化被修正。随着事业多元化，一些大的一流企业会并购小的二流企业，一流企业支付的代价会远超当下的价格水平。

格雷厄姆说的投资企业的选择和平时我们认为的企业是有不一样的，但是这些建议对大家取得收益是有帮助的。比如，对于那些评价积极的公司进行过度投资是有风险的，可以投资二流公司中的股票价格低的公司，有时与别人想法不同也能获得很好的收益。

投资不是单纯地追求高收益。公司从成立之初就是和社会共同发展的，运营公司的主体是人，购买公司产品的主体也是人，认可公司价值进行投资的主体也是人。在进行股票投资时需要理解这些关系，更要有良好的投资使命感，那样才能找出好的企业，在股市的无数诱惑之下坚守真我。

爱因斯坦盛赞的"复利"

20世纪伟大的科学家爱因斯坦曾说过，人类最伟大的发明就是"复利"。杰出的投资家巴菲特把相当于自传的著作的书名定为《滚雪球》（*The Snowball*），也从侧面说明了复利在经济学中的重要性。

有人将投资收益称作利息，那怎么样才能让利息越来越多呢？复利魔术就藏在这里，接下来我们就来了解一下复利是什么，以及复利的神奇效果。

通常计算利息时存在两种方法，单利和复利。单利是只有本金计取利息，复利是用本金和利息的总额来计算利息。

从复利的定义来看，它指的是在计算利息

时，某一计息周期的利息是由本金加上先前周期所积累利息的总额来计算的计息方式。

举例来看一下，10000韩元本金，年利率为8%的话，一年以后的总额是多少？

10000×8%=800韩元，1年后的总额就是：利息800+本金10000=10800韩元。

按照这样的方式计算，5年之后的总额是多少呢？

10000×8%=800韩元，1年后总金额是：利息800+本金10000=10800韩元；

10800×8%=864韩元，2年后总金额是：利息864+本金10800=11664韩元；

11664×8%≈933韩元，3年后总金额是：利息933+本金11664=12597韩元；

12597 × 8% ≈ 1008 韩元，4 年 后 总 金 额

是：利息 1008 + 本金 12597 = 13605 韩元；

13605 × 8% ≈ 1088 韩元，5 年 后 总 金 额

是：利息 1088 + 本金 13605 = 14693 韩元。

我们在上面以 10000 韩元为本金、8% 的

年利率为例计算了5年后的利息和本金总额，约为14693韩元。相对于最初10000韩元的本金，利息是4693韩元，这大致相当于本金的47%，可以说是很高的收益了。如果不是10000韩元，而是1000万韩元的话，结果就是1469.3万韩元，利息足足有469.3万韩元。大家有没有觉得很吃惊?

《滚雪球》一书对复利进行了详细阐述，复利如同雪球一般越滚越大。

但有一点非常重要，如果想让复利魔术发生，那就要进行长期投资。就像雪球越滚越大一样，复利也需要持续运作才能展现出效果，是一种适合长期投资的投资方法。

我们再来计算一下复利。这次我们来对比一下5%和10%的年利率会产生多大差异，计算方式和上述10000韩元、利率8%、5年期的方式相同。

●年利率为5%，初始资金10000韩元，运作5年的情况如下：

10000 × 5%=500韩元，1年后总金额是：利息500 + 本金10000 = 10500韩元；

10500 × 5%=525韩元，2年后总金额是：利息525 + 本金10500 = 11025韩元；

11025 × 5% ≈ 551韩元，3年后总金额是：利息551 + 本金11025 = 11576韩元；

11576 × 5% ≈ 579韩元，4年后总金额是：利息579 + 本金11576 = 12155韩元；

12155 × 5% ≈ 608韩元，5年后总金额是：利息608 + 本金12155 ≈ 12763韩元。

●年利息10%，初始资金10000韩元，运作5年的情况如下：

10000×10%＝1000韩元，1年后总金额是：利息1000＋本金10000＝11000韩元；

11000×10%＝1100韩元，2年后总金额是：利息1100＋本金11000＝12100韩元；

12100×10%＝1210韩元，3年后总金额是：利息1210＋本金12100＝13310韩元；

13310×10%＝1331韩元，4年后总金额是：利息1331＋本金13310＝14641韩元；

14641×10%≈1464韩元，5年后总金额是：利息1464＋本金14641＝16105韩元。

大家有没有觉得很惊讶？不同的投资收益方式会导致如此大的差距。

我们在上面有3组计算，同样是本金10000韩元，运作5年的情况下，根据复利计算的结果如下：

当年利率为5%时是12763韩元；

当年利率为8%时是14693韩元；

当年利率为10%时是16105韩元。

怎么样，复利魔术是不是很令人吃惊？通过计算我们能够得知，有多少钱不是最重要的，重要的是这些钱在合适的收益率下进行投资的话，经过一定时间就会像雪球一样越滚越大。

哇! 是钱啊!

期待不切实际的收益的行为是投机，而非投资。

即使当下看起来很好，投资时也需要关注企业的整体情况、增长可能性等问题。

无论所投资的公司的未来前景有多好，分散投资是降低风险的有效方法。

不把鸡蛋放在一个篮子里是股票投资的基础!

对所投资企业给予信任是投资人和企业的共同成长之路。

第六章

格雷厄姆教你投资股票

在股价下跌到合理价值以下时购入股票，待价值上升以后出售的行为被称作"价值投资"。许多明智的投资者通过预测市场，使用价值决定策略来进行股票投资。投资和投机的区别是什么？明智的投资者又是什么样子？

巴菲特的价值投资

"时机"和"价值决定"是能够实现收益的主要因素。时机就是选择时间，预测股市动向，进行股票交易。即如果觉得未来股价会上涨的话就买入，如果觉得股价会下跌就卖出，预测动向就是要预测这些。而价值投资指的是当股价下跌到合理价值以后买入，在股价上升以后卖出。价值投资对于那些长期持有股票的投资者来说是非常合适的方法。

"时机"一词包含着"预测"这一不确定性行为，但许多投资者却对此十分热衷且盲从。进而轻易地相信投资专家的预测，在投资愿景上总是绷紧神经。为什么会这样？因为投资者认为，证券公司和投资专家这类专业人员的预测的准确度会比自己的预测更高。

大部分投资者期望通过预测市场来实现收益，这其实是错误的想法，因为时机是任何人都难以预测的。许多投资者认为的时机，很可能是前文提到的投机。

或者说时机与市场预测相关的投资方法被大多数人知晓后，其可信度也大大降低了。首先，时间会创造出以往的投资方法中未被考虑的新条件。其次，一种理论在股市上越受欢迎，大众的聚集就越严重，可产生收益的部分就会降低。我们看一看下面这两种情况。

低价买入高价卖出——错误。

要想产生收益，需要低价买入、高价卖出，这是一种理所应当的投资方式。但这一方法不是放之四海而皆准。有时，股市的发展完全不符合这些逻辑，更会打破过去所有的规则。

依照公式制订投资计划——错误。

在股市上涨初期，会出现各种各样的股票投资公式或者理论，但这些公式和理论有时会让投资者失望至极。

价值投资的投资方法却稍有不同。价值投资不是通过不确定的市场预测，而是通过参考合理的企业价值进行投资，可以说是跟股市之间有稍许距离的投资方法。无数明智的投资者通过价值决定来进行股票投资，而不是通过预测未来的时机。

投资者和投机者之间的本质区别是对待股市的态度。投机者最关心的是通过预测市场动向来获取收益，相反投资者最关心的是用合理的价格来持有合适的股票。对投资者来说，市场动向只是判断交易或价格是否合理的参考标准，而非必要条件。

投机者在预测自己将要购买的股票会升值时进行购入，在股价上涨时卖出，但令人遗憾的是这样的战略往往并不奏效。

相反，投资者对于自己购买的股票上涨并不十分感兴趣。他们信任自己投资的公司，等待着这些公司以后扩大规模，采取这样的投资战略时，不但不会对股价变动时喜时悲，且他们能够获得的收益远比投机者要多。

　　投资者应该预想到自己购买的股票价格会发生变动，不能因为涨幅很大就异常兴奋，也不能因为下跌而怅然若失。要观察股市行情的上涨和下跌，明确自己的定位，不能因为一时的涨跌就买入或卖出。

　　"暴涨之后不要买入，暴跌之后不要卖出！"

真正的投资者应该为自己与大众行为的不同而感到满足。

巴菲特就是采用了上面的投资战略，长期持有一家公司的股票，他正是价值决定投资者，而非时机投资者。他通过这些投资积累了无数财富，成为杰出的投资者。

股市是为企业和投资人创造价值的空间，如果使用错误，甚至是滥用的话，它就会变成"赌坊"，我们需要对此铭记于心。

了解一下成本平均策略

所谓成本平均策略（cost averaging），是指每月投资同一项目或定期定额购买多个企业的股票，定额投资法可以防止投资者在错误时期大量买入股票。换言之，在行情上涨时可以保证收益，下跌时可以预防风险，是纽约证券交易所推荐的投资方法。

让我们来详细地了解一下定额投资法。在该投资方法下，交易时不考虑股市动向，通过降低股票的平均买入价格来减少风险因素，增加投资收益，是非常有效的买卖行为。

举例来说，假设每个月定期购入10000韩元的某企业股票，虽然实际情况会更加复杂，但我们以股票持续上涨和下跌之后上涨两种情况为例来看一下对应的情况。

首先是股票持续上涨的情况，见表6-1。每股价格是100韩元的股票，在6个月间每月上涨10韩元，最终的结果是股价上涨了50%。但每个月的投资金额10000韩元是不变的，这样总计的投资额是60000韩元，持有的股票数是489股，当下股价是150韩元的情况下，总股票金额为73350韩元，收益率高达122％，收益率还是很高的。

表6-1　股票持续上涨情况

时间	投资金额 / 韩元	每股价格 / 韩元	股票数量 / 股
第1个月	10000	100	100
第2个月	10000	110	91
第3个月	10000	120	83
第4个月	10000	130	77
第5个月	10000	140	71
第6个月	10000	150	67

每股价格是150韩元时，所持股票总金额和收益率分别是多少？

所持股票金额＝股票数 × 当下股价＝489股 × 150韩元＝73350韩元。

收益率为73350/60000 × 100％ ≈ 122％。

接下来我们看看股价下跌之后又上涨的情况，见表6-2。每股价格是100韩元的股票，在6个月期间每月下跌或回升10韩元，股价总体呈下降趋势。每个月的投资金额依然是10000韩元，这样总投资额是60000韩元，持有的股票数是715股，股价低于上面的上涨趋势，因此股票持有量增多了。每股价格是90韩元的情况下，所持股票总金额和收益率分别是怎样的呢？

表6-2 股票下跌又上涨的情况

时间	投资金额 / 韩元	每股价格 / 韩元	股票数量 / 股
第1个月	10000	100	100
第2个月	10000	90	111
第3个月	10000	80	125
第4个月	10000	70	143
第5个月	10000	80	125
第6个月	10000	90	111

所持股票金额 = 股票数 × 当下股价 =715 股 × 90韩元 =64350韩元。

收益率为64350/60000 × 100% ≈ 107%。

收益率为107%，低于上面的收益率。但是在下跌趋势下能产生收益，表明这种方式兼具安全性和进攻性。

通过简单举例了解了成本平均策略。无论股市如何变化，每月定期购入股票，根据股票涨跌幅度不同，可购入的股票数会产生变化，股价下跌时相同金额可以购入更多股票，待股价上涨后收益率就会提高。相反，即使股市行情不好，平均购入价和持股股价相协调，也能够保证收益平稳。

为了让成本平均策略发挥作用，需要长期持股，即使投资资金少也要制订长期持股计划，只有这样才能实现收益最大化。

分散投资

许多投资人都希望有同时保障收益和安全性的投资方法，但这是个亘古难题。接下来要说的分散投资是可以满足收益和安全性需求的投资战略。不需要分析走势图或财务报表等非常难的数学内容，是能够轻松学会的投资战略。

所谓分散投资，指的是降低有价证券投资风险的投资过程或行为，是保障投资资金安全有利，将损失降到最低的方法，通常是通过分散或分配投资的方式来实现。分散投资可以实现相同风险下的高收益，以及相同收益率下的低风险，换言之，分散投资是同时考量了收益和风险两个因素的投资战略。

分散投资是保守投资的坚定信条，随着分散投资被大家普遍接受，投资者对与分散投资相关的安全收益原则的理解也加深了。

通常，投资者都迫切希望实现高收益，格雷厄姆曾再三强调过安全收益的概念是区分投资和投机的试金石。大部分投机者认为，出现交易机会时就会有胜算，他们也主张自己的交易中存在安全收益。在买入时机合适，投资企业比一般企业优秀时，他们通常认为自己的参谋或系统是可信的，但这些主张通常是站不住脚的。因为他们的主张不是基于某些形态的客观证据或决定性的推论，完全是出于主观判断。

股市在任何时候都不会按照公式和理论来

变化，偶尔会有超越常识的现象发生，因此如果有投资者坚信自己的投资理论可以与千变万化的股市完全吻合，那只能是大错特错。我们在面对不规律的股市时，需要时刻保持怀疑的态度。在股市涨跌浪潮中，能使收益率保持最小波动的投资战略才是投资者需要的战略，这就是分散投资。分散投资的目的不是创造更多收益，而是让损失最小化，这才是分散投资的真正意义。

分散投资，不是带着股价必将上涨的期待来投资某一家公司，而是分散投资若干个公司。基金就是使用了这样的投资战略，基金的运营形态有很多种，其中对指数内企业进行投资的基金是适合分散投资的基金，我们通常把他们称为指数基金（index fund）。

格雷厄姆多次强调，分散投资才是在股市出现暴跌时能确保资金收益和安全的有效方式，更是长期投资的秘诀。

实现股市收益，最重要的就是时机和价值决定。

但时机不是投资者能轻易掌控的。

所谓价值决定，指的是在股价下跌到一定价值之后买入，上涨到一定价值之后卖出。

什么时候会掉下来呀！

应对股市不确定性的策略中最有效的就是成本平均策略。

提前准备就不用担心了。

在急剧变化的股市中，能够同时确保收益和安全的方法就是分散投资。

分散投资

传说中的投资三巨匠

"低价买入，高价卖出。"

约翰·邓普顿（John Templeton）认为低价

购入优良股的最佳时机，就是悲观论达到顶峰的时候，那是证券市场的崩溃，更是10年之内仅会出现两三次的机会。他在

邓普顿

历史上曾发生的泡沫经济和股票暴跌时期，利用一般投资者犯下的错误，获得了巨大收益。邓普顿作为逆向投资大家，他的投资哲学的出发点正是低价买入股票。如1997年韩国金融危机和美国

"9·11"事件等，资产被低价处理的时候就是市场的不安达到顶峰的时候，很多人会选择在此时进行抛售。所以，邓普顿一直在等待市场陷入恐慌。他说"不要问哪里的前景最好，要问哪里的前景最悲观"，从中也可以窥见他的投资风格。

彼得·林奇（Peter Lynch）是股票投资者的楷模，他在10多年的时间里，帮助100万名顾客把投资收益提高了25倍。他把原本小规模的麦哲伦基金公司发展为美

林奇

国规模最大的基金公司，也让自己成长为最优秀的基金经理。

林奇的投资方式与巴菲特类似，即发掘优质

公司，直到该公司被市场完全认可为止，长期持有该公司股票。但巴菲特通常是慎重地选择几家公司后整体购买，而林奇则是同时持有多个种类的股票，甚至有人开玩笑称"有没有林奇没买的股票"，可见他买入的股票种类之多。

巴菲特

巴菲特说："大多数人在所有人都关注股市的时候才关注股市，而当真正需要关注股市的时候却都漠不关心。"

"我不知道明天、下周、明年的股市会是怎样的，但我知道10年或者20年之后，依然会有牛市和熊市。问题的核心是，不能因为市场变化而慌张不已，从而做出错误决定，我们要积极主动地去利用市场。"

从11岁开始涉足投资，到成长为世界级富豪，他是传说中的投资者，一个不需要更多说明的人，一个让修饰语黯然失色的人。他的生活很朴素，甚至可以说他对自己有点吝啬，但他把全部财富的85％捐献给了社会。

股票投资是连接社会和企业的
重要资金流动

本书到目前为止介绍了许多股票投资的相关知识，最后希望大家知道，世界上屈指可数的富豪都是从很小开始就亲身体验了经济系统、资本主义、投资的相关内容，并且逐步成长起来的。

我们在学校里学的都是考试相关的内容，进入大学之后会学习经济学相关专业的知识，之后就会走上社会。但即使我们学习了很多年，却依然管理不好自己的工资账户，有时甚至会负债，有时会因轻率创业而惨遭失败，有时会因股票投资遭受巨大损失。

那为什么会发生这些事情呢？

那是因为，成为大人以后才去了解"钱"这个东西。想挣钱需要诚实努力地工作，但挣来的血汗钱太容易被消费掉，可能是买了一辆好车，或者买了一件自己想要的东西，或者是因为对资产管理懵懂无知。

我们应当从小开始培养关于钱的聪明习惯，只会存钱也不是好方法，当然毫无理性地消费更是不可取的。

有一位企业家，既是世界级富豪，又是"位高则任重"的实践者。他给孩子零用钱时会告诉孩子把钱分成三个用途，第一是储蓄或投资，第二是买自己想买的东西，第三是用于帮助周围的人。

这个人是谁？正是"钢铁大王"安德鲁·卡耐基（Andrew Carnegie），他资产众多，但又把财富捐赠给社会。与我们大家熟知的比尔·盖茨和巴菲特一样，是人类历史上捐款数额巨大的几位慈善家之一。

人类在很久以前通过采摘水果和蔬菜以及狩猎捕鱼实现自给自足，时间慢慢推移，人类又开始种田耕地，但现在是靠挣钱生活下去的时代了。换言之，人类要生活在符合时代的经济环境中，所以大家绝对不能对钱毫不关心。

在正确的消费习惯、储蓄习惯、投资习惯中，最应被强调的是良好的投资习惯，正确的消费和储蓄习惯能从父母那里学到，但很少有机会能好好学习良好的投资习惯，真是太可惜了。

要从小养成智慧用钱的习惯。

　　股票投资不是单纯追求收益的行为，它是连接社会和企业的重要资金流动，更是资金流动的源泉。企业获得投资才能生产出好的产品，消费者购买这些产品来使自己的生活更便捷。与此同时，在公司就业的人通过公司提供的各种福利享受幸福生活，他们也是地区经济的消费主体，促进着地区经济的发展。他们缴的税金能让地区经济发展得更好，反过来，地区又能给居民提供更加多样化的福利，所有人都能生活得更好。

我们梦想的社会和企业价值具有如此重要的关系，投资就存在于这些重要的价值或者说价值链源泉中。理解了这些之后，大家觉得是应该做投机者，还是做明智的投资者呢？投机终究是个人的贪念，投资是能让所有人都实现梦想的公共利益。

经济学就是在这些本质内容的基础之上，把内容进行系统性展开的学科。这正是格雷厄姆认为的经济的本质，严格遵守这一本质的人就是巴菲特。

最后，希望大家能加深对钱的理解，钱的功能并不局限在买东西和储蓄上。